Inspiración

Himnario Volumen 3

Ministerios
Llamada Final

"Inspiración" Himnario III
Clasificación: Himnario
Material de alabanza
Publicado y distribuido por
Alabanza Llamada Final Distribuidora, Inc.
Downey, California en USA
Primera edición 1999
Segunda edición 2006
Tercera edición 2007

ISBN 0-065222-457

Todos lo derechos son reservados. Prohibida la reproducción total o parcial de este libro sin la debida autorización correspondiente. Este material no autoriza, bajo ninguna norma, derechos de grabación o ningún propósito comercial.

Copyright ©2001 by Alabanzas Llamada Final Inc.

Printed in the United States of America. All rights reserved under International Copyright Law. Contents may not be reproduced or recorded in whole or in part in any form or by any electronic or mechanical means without the express written consent of the Publisher.

PRODUCIDO POR: Alabanza Llamada Final Distribuidora, Inc.
PRODUCTOR: Ivan Delgado.

Alabanza Llamada Final Distribuidora, Inc.
USA: P.O. Box 3661 Huntington Park, CA 90255
12145 Woodruff Ave. Downey, CA 90242
Tel: (562) 231-4670 • Fax: (562) 231-4676
www.llamadafinal.com / www.distribuidorallamadafinal.com

COLABORACIÓN:

Diseño y Fotografía: Karen Velásquez
Actualización 2007: Jorge Batz

Distribuidores en:

Alabanza Llamada Final Distribuidora, Inc.
USA: P.O. Box 3661 Huntington Park, CA 90255
12145 Woodruff Ave. Downey, CA 90242
Tel: (562) 231-4670 • Fax: (562) 231-4676
www.llamadafinal.com / www.distribuidorallamadafinal.com

Mexico:
Mexico: 1ra Cerrada de Rio Churubusco #21
Colonia Agricola Pantitlan • Tel. 57010636 • Fax 57015195
www.llamadafinal.com

Australia:
Eternity Praise 15 River Crescent Broadbeach Waters QLD 4218
Australia
Tel/Fax: (07)55942032
• www.eternitypraise.com • info@eternitypraise.com

Colombia:
Carrera 5a. #738 Barrio Golgota Ipiales, Colombia
• Tel: (27)73-5971 • Tel/Fax: (27)73-2401

Guatemala:
7a. Calle No. 11-47 Zona 11 Colonia Roosevelt Guatemala, CA
E-mail: pasosamllf@intelnet.com
pasosa55@hotmail.com
Tel. Oficina 011502-2440-9858
Fax. 011502-247-16911

Una nota del Apostol
Otto Rene Azurdia

Doy gracias a Dios por este Himnario Volumen III, y deseo fervientemente que pueda llegar al corazón de cada uno de ustedes y que desarrolle un deseo genuino de prepararse cada vez mas para ministrar la alabanza y adoración al único Rey y Soberano Dios quien es digno de toda honra, gloria y toda alabanza.

En el amor de Cristo,

Otto Rene Azurdia
Pastor y Director General
Ministerios Llamada Final

INTRODUCCIÓN

Alabanza Llamada Final se complace en presentar el nuevo volumen de Inspiración Himnario III, Cantos de Restauración para agregarlo a la colección de Himnarios. Con un nuevo formato, usted va a poder tener en sus manos acordes de los cantos mas recientes de Inspiración así como Inspiración Volumen 6 Declaremos ti Santidad, Inspiración Volumen 7 Hay Victoria!, En lo Secreto y Buscando tu Rostro Señor.

Creemos que al escuchar las grabaciones y al estudiar los cifrados correspondientes tanto el músico como el director del canto podrá asimilar mas por cada alabanza y así obtener la melodía adecuada para cada canto.

Deseamos que este material sea de provecho para cada ministerio de alabanza que, al igual que nosotros anhela ser enriquecido con un mayor conocimiento, para así presentar delante del Señor una mejor alabanza digna de su Santo Nombre. A El sea la gloria para siempre.

Ivan Delgado
Director de Alabanza
Ministerios Llamada Final

INTERPRETACION DE LAS NOTAS MUSICALES

Este sistema de cifrado (utilizado en el lenguaje ingles) nos facilitará la aplicación en los cánticos siguientes de esta manera:

Para la nota ... (Do) .. se aplicaría la letra	" C "
.... (Re)	" D "
.... (Mi)	" E "
.... (Fa)	" F "
.... (Sol)	" G "
.... (La)	" A "
.... (Si)	" B "

- Las notas "mayores" no llevarán nada agregado.
  Ejemplo: E = Mi Mayor

- Las notas "menores" se aplicará la letra (m).
  Ejemplo: Em = Mi Menor

- Para las notas "bemoles" se aplicará el letra (b).
  Ejemplo: Eb = Mi Bemol

- Para las notas "sostenidas" se aplicará el signo (#).
  Ejemplo: E# = Mi Sostenido

- Para las notas "suspendidas" se aplicarán las letras (sus4).
  Ejemplo: Esus = Mi Suspendido

- Para las notas "aumentadas" se aplicara el signo (+).

- Para las notas "disminuidas" se aplicara el numero ($^{\phi}$).
  Ejemplo: E^{ϕ} = Mi Disminuido

- Para las notas "séptimas" se aplicara el numero (7).
  Ejemplo E7 = MI Séptima
  *Hay dos tipos de séptimas.
  Ejemplo: E7
  Séptimas Mayores: Ema7

Diagrama

Piano

A continuación presentamos las teclas del piano y los nombres de cada una de ellas.

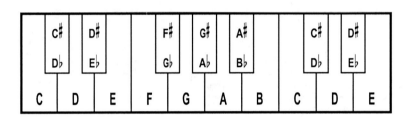

Necesitamos también numerar los dedos de nuestras manos para luego proceder a colocarlos en su correcta posición, dependiendo del canto que deseamos entonar. Esta enumeración no es la misma que la de la guitarra, varía y es por eso que debemos aprender a identificar nuestros dedos de acuerdo al instrumento que se toque.

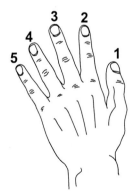 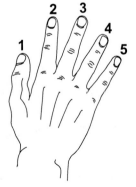

Diagrama

Guitarra

Identifiquemos ahora en una forma clara y práctica el diapasón de una guitarra:

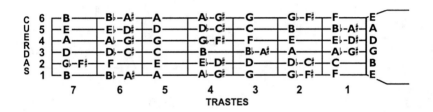

En seguida presentamos el bosquejo de una mano, en donde vemos que cada dedo tiene un numero específico; esto nos indica que dedo es el que debemos usar para presionar correctamente cada cuerda, y así obtener el acorde que nos sugiere cada cifrado en una forma correcta.

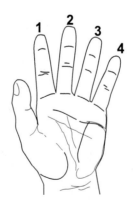

Diagrama

Veamos de una manera sencilla, el diagrama del diapasón de un bajo:

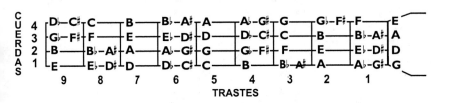

Nota: Observe con mucha atención las especificaciones que están escritas en la figura del diapasón, para que pueda obtener una mayor compresión de como aplicar cada nota.

Convinación de Acordes

En este Himnario hemos agregado la combinación de acordes que se usaron en varias grabaciones de Alabanzas Llamada Final con el fin de ampliar el conocimiento del músico principiante y para que adorne mejor las canciones.

En las siguientes páginas hemos incluido las combinaciones de acordes que se usaron en las grabaciones que están escritas en este Himnario. Las combinaciones de acordes están compuestas por dos notas. El piano y la Guitarra tocan la nota que esta en la Izquierda y el Bajo toca la nota que está en la derecha. Al ensayar una canción, puede usar esta lista de combinaciones como referencia.

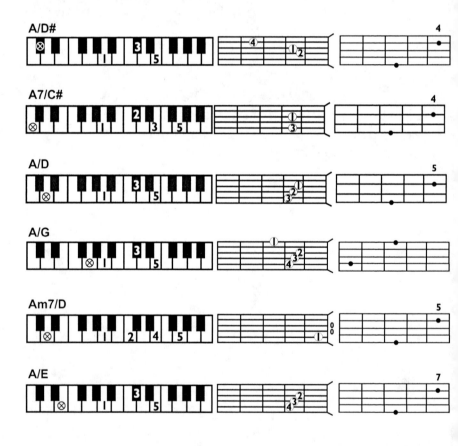

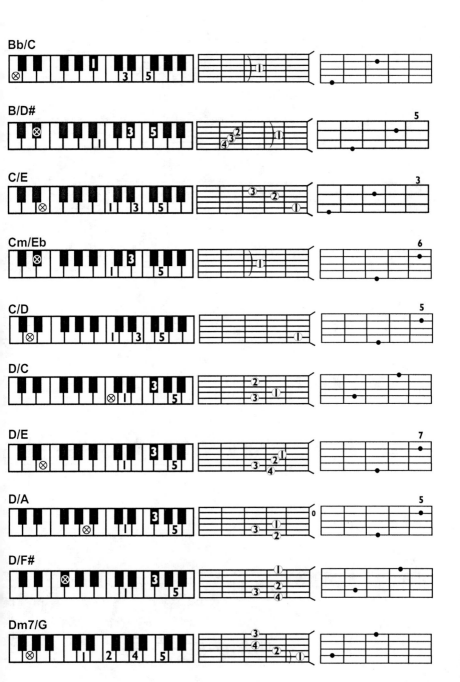

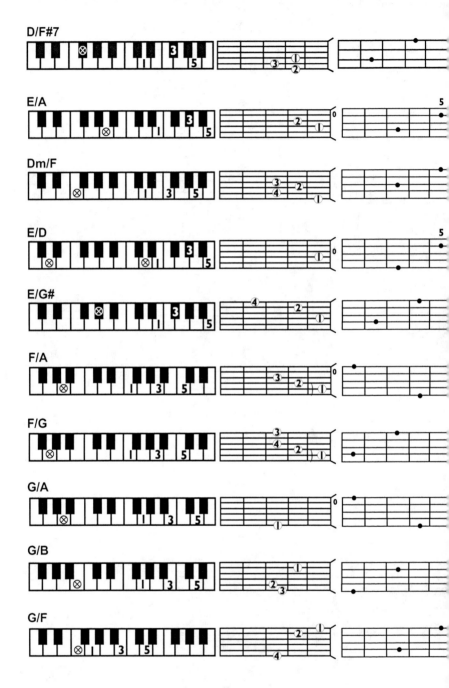

NOTAS

INDICE . . . . DIAGRAMAS

- INTRODUCCION
- INTERPRETACION DE LAS NOTAS MUSICALES
- PIANO
- GUITARRA
- BAJO
- CONBINACION DE ACORDES

INSPIRACION VOL VI

- QUIERO ADORARTE SEÑOR   4-5
- TU ERES MI DIOS   6-7
- TU PRESENCIA SEÑOR   8-9
- PERFUME AGRADABLE   10-11
- ME GOZARE   12-13
- AL SONAR   14-15
  DE LOS PANDEROS
- CANTA AL SEÑOR   16-17
- MI COPA ESTA REBOSANDO   18-19
- TU ERES SANTO   20-21
- DECLARAMOS   22-23
  HOY TU SANTIDAD

INSPIRACION VOL VII

- JEHOVA ES   26-27
  DIOS PODEROSO
- EL EJERCITO DE DIOS   28-29
- CONQUISTEMOS LAS   30-31
  NACIONES PARA CRISTO
- TE ALABARE SEÑOR   32-33
- ESPIRITU ESRES REAL   34-35
- MANDA EL FUEGO   36-37
- CANTICO PROFETICO   38-37
- DERRAMA TU LLUVIA   40-41
- HAY VICTORIA   42-43

BUSCANDO TU ROSTRO SEÑOR

- TU GRANDEZA SEÑOR — 46-47
- BUSCANDO TU ROSTRO SEÑOR — 48-49
- TU — 50-51
- DESDE AQUEL DIA QUE TE CONOCI — 52-53
- CON TODO MI CORAZON — 54-55
- HAZME BRILLAR SEÑOR — 56-57
- UN REGALO — 58-61
- TU SANTO NOMBRE QUIERO ADORAR — 62-63
- TE ALABARE — 64-65
- TU ERES MI REFUGIO — 66-67

EN LO SECRETO

- TU ADMIRADOR — 70-71
- ERES LO MAXIMO — 72-73
- LLENAME — 74-75
- SANTO ERES TU SEÑOR — 76-77
- NO A NOSOTROS O JEHOVA — 78-79
- CRISTO LINAJE DE DAVID — 80-81
- GRANDE ES JEHOVA — 82-83
- JEHOVA ES MI FUERZA — 84-85
- TU NOMBRE ALABARE — 86-87
- EN LO SECRETO — 88-89

Declaramos Tu Santidad

Inspiracion Vol. VI
Declaramos Tu Santidad

Confraternidad '99
Los Angeles Convention Center, California

- QUIERO ADORARTE SEÑOR
- TU ERES MI DIOS
- TU PRESENCIA SEÑOR
- PERFUME AGRADABLE
- ME GOZARE
- AL SONAR DE LOS PANDEROS
- CANTA AL SEÑOR
- MI COPA ESTA REBOSANDO
- TU ERES SANTO
- DECLARAMOS HOY TU SANTIDAD

© 1999 Alabanza Llamada Final

QUIERO ADORARTE SEÑOR

Ivan Delgado

    E   B/D#   C#m7   E/B
Me acerco ante Ti con humilde corazón
         A2   Bsus4   B
para adorarte oh Señor
    E   B/D#   C#m7   E/B
Me hacerco ante Ti con humilde corazón
         A2   Bsus4   B
para exaltarte oh Señor.
  A2   B   E B/D# C#m7 E/B
Es por Tu obra en la cruz, que me has dado libertad,
  F#m7 E/G# A2   Bsus4 B
para adorarte hoy ante Tu altar

         E G#m7 A   B
Quiero adorar-te Señor
         E G#m7 A   B
Quiero exaltar-te Señor
F#m7   E/G#   A   E/G#
Te adoro a Ti Señor, te exalto a Ti mi Dios
 F#m7   Bsus4 B   E
Te amo a Ti, Jesús mi salvador

© 1999 Derechos reservados. Alabanzas Llamada Final
Insp. Vol. VI *Declaramos Tu Santidad*

Inspiración Himnario Vol 3

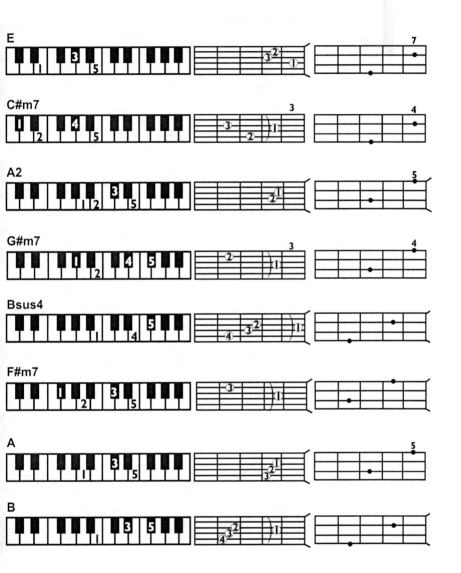

Himnario Inspiración III

TU ERES MI DIOS

Ivan Delgado

```
         E      A2    B/A           A/E  E  B/D#  C#m7
// Tu eres mi Dios,   Tu eres mi Padre
            A2    B              E
    Tu eres mi Señor    y te adoro a Ti.//

    D/F#  E/G#  Ama7  B/A            A/E
/// Te adoro a Ti Señor porque eres Grande
    D/F#  E/G#  Ama7  B/A            A/E
    te adoro a Ti Señor porque eres fuerte
    D/F#  E/G#   Ama7   B         C#m7  B    A
    te adoro a Ti Señor porque eres di---i---gno
                   F#m7            E/G#   A
       digno de gloria (de honra)
            Bsus4    B      E
       Te adoro a Ti Señor.///
```

© 1999 Derechos reservados. Alabanzas Llamada Final
Insp. Vol. VI *Declaramos Tu Santidad*

Inspiración Himnario Vol 3

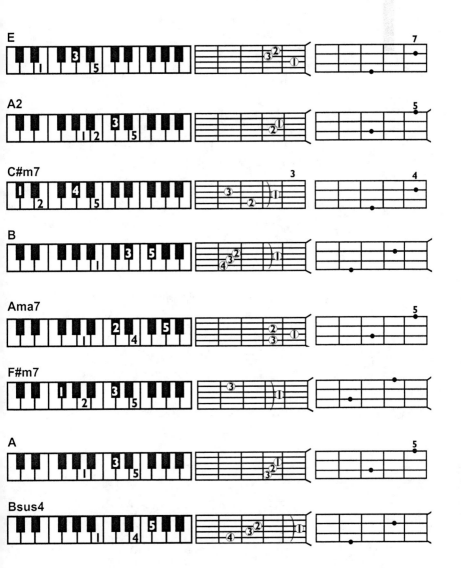

TU PRESENCIA SEÑOR

*Victor Garduño/
Martin Corona*

```
         G       Bm7      C       G/B
Tu presencia Señor me llena,
     Am7      D          Em7
Tu presencia Señor me bendice.
         G       Bm7      C       G/B
Tu presencia Señor me protege,
     Am7      D          G    F/A   G/B
Tu presencia Señor está aquí.

       C        D/C      G   D/F#  Em7
Pues solo en tu presencia jamás temeré
     C         D/C  Bm7        Dm   G/B
Solo en tu presencia ahí me esconderé --- e
     C         D/C  Bm7     B7    Em
aun estando solo o en cualquier lugar
           Am7       D        G
En Tu presencia seguro yo estaré.
```

© 1999 Derechos reservados. Alabanzas Llamada Final
Insp. Vol. VI *Declaramos Tu Santidad*

Inspiración Himnario Vol 3

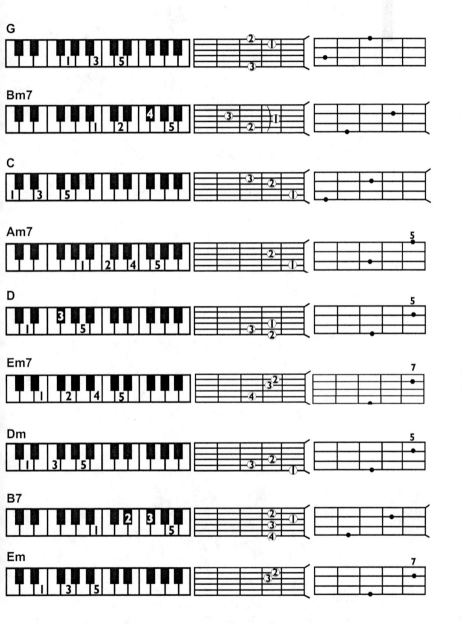

PERFUME AGRADABLE

Cesar Garcia

```
     G           Bm7
Déjame escuchar Tu dulce voz,
   C2        Am7        D
y habitar en tu presencia Señor
     G           Bm7
Déjame contemplar Tu hermosura
   C2        Am7        D
y habitar en tu presencia Señor

         G       D/F#      Dm/F          E7
Pues mi anhelo es agradarte, lo mejor de mi entregarte
   C2          Am7            F            Dsus4
y que llegue hasta tu trono, como un perfume agradable a Ti
         G       D/F#       Dm/F          E7
Pues mi anhelo es agradarte, mi alma entera a Ti entregarte
        C2          Am7
y que llegue hasta Tu trono
       C/D            D     G
como un perfume agradable a Ti, Señor.
```

© 1999 Derechos reservados. Alabanzas Llamada Final
Insp. Vol. VI *Declaramos Tu Santidad*

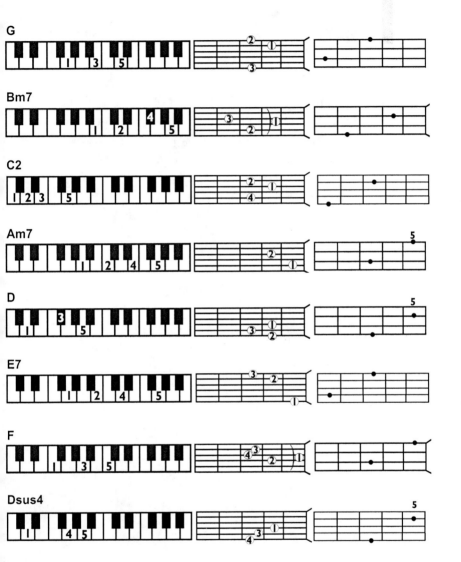

ME GOZARE

*Tony Pérez/
Ivan Delgado*

   Cm   Bb Fm7   Gsus4
// Me gozaré, me alegraré en el Dios de mi salvación.
   Cm   Bb Fm7   Gsus4
Yo cantaré, yo gritaré ante aquél que me salvó.//
   Cm B+   Cm7/Bb Ab
Yo alabaré al Señor y exaltaré su nombre
   Fm   Ab Gsus4
Pues el nos ha dado salvación

     Cm
//Y yo me haré más vil (me haré mas vil)
  Bb
Me haré más vil (me haré mas vil)
  Fm   Gsus4   Cm
con tal de agradar aquél que me salvo.//

© 1999 Derechos reservados. Alabanzas Llamada Final
Insp. Vol. VI *Declaramos Tu Santidad*

Inspiración Himnario Vol 3

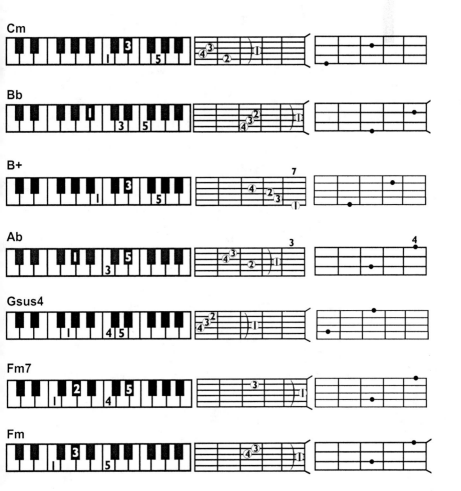

AL SONAR DE LOS PANDEROS

Cesar Garcia

      Cm   Gm7
// Al sonar de los panderos cantar a Dios
     Ab Bb   Cm
    cántico nuevo.
   Cm   Gm7
Al sonar de los panderos cantar a Dios
     Ab Bb   Cm
    cántico nuevo.//

 Ab   Bb   Cm   Bb Cm
Cántico nuevo celebrad a Dios, a Dios
  Ab   Bb   Cm
Banderas y estandartes levantad en Sión,
   Bb Cm Bb Cm
   a Dios, a Dios.

© 1999 Derechos reservados. Alabanzas Llamada Final
Insp. Vol. VI *Declaramos Tu Santidad*

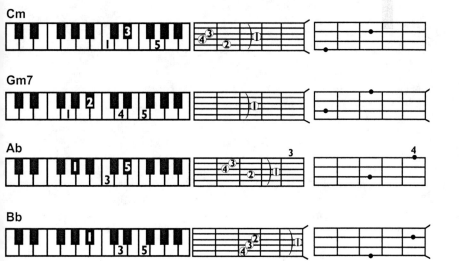

CANTA AL SEÑOR

Ivan Delgado

      Em Am7
// Canta al Señor cántico nuevo
     C   Bsus4   Em
porque a hecho grandes maravillas.
         Am7
Canta al Señor con gran regocijo
     C   Am7   Bsus4
Porque grande ha sido su poder.//

   Am7   D   G   Em
Poderoso es Dios y digno de alabar
   Am   B   C D Em
La victoria nos ha dado ya.
   Am   D   G   Em
Poderoso es Dios y digno de alabar
   Am   C   Bsus4
La victoria nos ha dado ya.

© 1999 Derechos reservados. Alabanzas Llamada Final
Insp. Vol. VI *Declaramos Tu Santidad*

Inspiración Himnario Vol 3

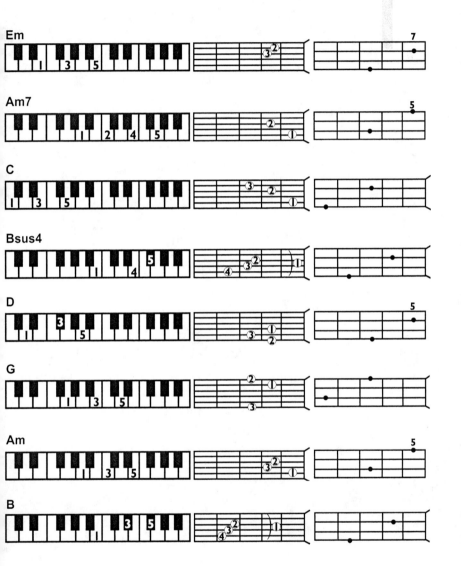

MI COPA ESTA REBOSANDO

Ivan Delgado

   Am   F
Con gritos de júbilo le alabaré
C   G
ante su presencia yo danzaré
Am   F
porque Jesucristo es el vencedor
Dm7   Esus4
Y su Santo Espíritu llena mi ser.

       Am   F
Y es que mi copa está rebosando
   G   Am
Del gozo del Espíritu de Dios
       Am   F
Y es que mi copa esta rebosando
   G   Am
Del gozo del Espíritu de Dios.

© 1999 Derechos reservados. Alabanzas Llamada Final
Insp. Vol. VI *Declaramos Tu Santidad*

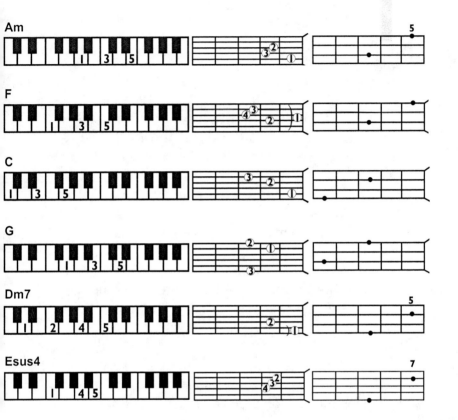

TU ERES SANTO

Ivan Delgado

```
              G2              D/E  Em7
     Quiero entrar a Tu lugar Santísimo
 C2           Am7         Am7/D  D
     y contemplar Tu Hermosu----ra
  G2               D/E         Em7
     Te quiero adorar ante Tu altar
 C2          Am7            Dsus4  D
     y con mis labios quiero proclamar

                Bm7   Em7      Bm7   Em7
     Que tu eres San -- to, Tu eres Dig -- no
  C2           Am7            Fma7   D
     con mi corazón proclamaré
                Bm7   Em7      Bm7   Em7
     Que tu eres San -- to, Tu eres Dig -- no
 C2              Am7     Dsus4   D          G
     Con mi corazón proclamaré      Tu Santidad.
```

© 1999 Derechos reservados. Alabanzas Llamada Final
Insp. Vol. VI *Declaramos Tu Santidad*

Inspiración Himnario Vol 3

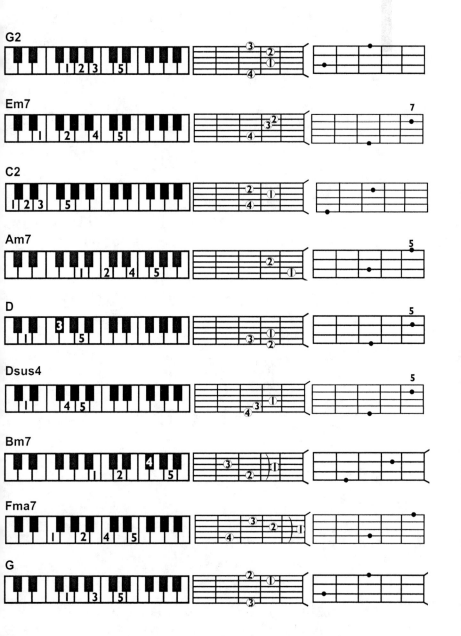

DECLARAMOS HOY TU SANTIDAD

Ivan Delgado

```
           A            E/A    A    D/F#  E/G#
// Declaramos hoy Tu Santidad
           A            E/A         A     E/G#
   Levantamos hoy Tu Nombre en alto
         F#m       A/E        D    A/C#
     Declaramos que Tu eres Digno
      Bm7           A/C#       D          Esus4   E
   Declaramos Tu grandeza, declaramos Tu poder.//

        Dma7    E              A    E/G#  F#m7      A/E
   Te adora - mos por la hermosura de Tu Santidad
         Bm7            A/C#         D           Esus4   E
   Levantamos nuestras manos, levantamos nuestra voz
         Dma7    E              A    E/G#  F#m7      A/E
   Te adora - mos por la hermosura de Tu Santidad
                Bm7         D/E     E   A
        levantamos manos santas ante Ti.
```

© 1999 Derechos reservados. Alabanzas Llamada Final
Insp. Vol. VI *Declaramos Tu Santidad*

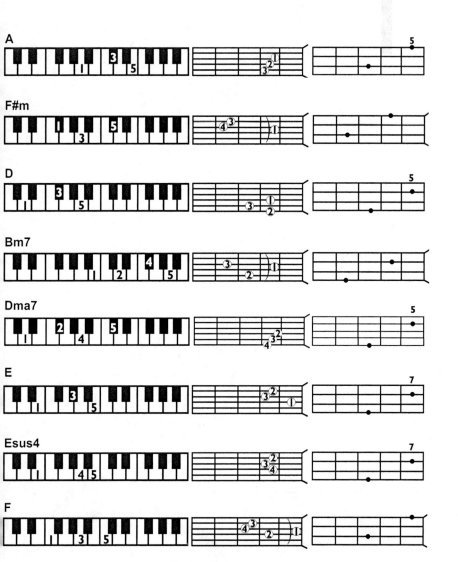

INSPIRACION·VII

¡Hay Victoria!
En Vivo

Inspiracion Vol. VII
¡Hay Victoria!

Confraternidad 2'000
Gran Olympic Auditorium, Los Angeles

- JEHOVA ES DIOS PODEROSO
- EL EJERCITO DE DIOS
- CONQUISTEMOS LAS NACIONES PARA CRISTO
- TE ALABARE SEÑOR
- ESPIRITU ERES REAL
- MANDA EL FUEGO
- CANTICO PROFETICO
- DERRAMA TU LLUVIA
- HAY VICTORIA

© 2000 Alabanza Llamada Final

Himnario Inspiración III

JEHOVA ES DIOS PODEROSO

Victor Garduño

   Am   Dm7   Em7   Am
Jehová es Dios Poderoso y por siempre es vencedor
   Am   Dm7   Em7   Am
Jehová es Dios Poderoso y por siempre es vencedor
   Am   Dm7   Em7   Am
Ha derrotado a mis adversarios, al enemigo aplastará
      Am   Dm7   Em7   Am
Con brazo fuerte y poderoso, nos ha dado libertad

     Dm7   Em7   Dm7   Em7
Al enemigo aplastará, al enemigo aplastará
    Dm7   Esus4
al anemigo aplastará

      F   G   Em7   Am
Con resplandor de su venida, (al enemigo aplastará)
     F   G   Em7   Am
Con la espada de su Espíritu, (al enemigo aplastará)
    F   G   Em7   Am
Con el poder de su palabra, (al enemigo aplastará)
    F   G   Em7   Dm7
Con la potencia de sus santos, (al enemigo aplastará)

© 2000 Derechos reservados. Alabanzas Llamada Final
Insp. Voll. ¡ *Hay Victoria* !

Inspiración Himnario Vol 3

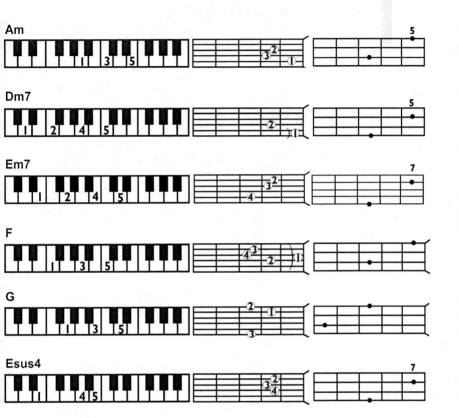

EL EJERCITO DE DIOS

Cesar Garcia

    Cm   Ab
// El ejercito de Dios se ha levantado con poder
  Eb   Bb   (2X G7)
Para conbatir contra las huestes del mal.//

  Cm   Ab   Eb   Bb
// La batalla es del Señor y su pueblo la victoria tomará
  Cm   Ab   Eb   Bb (2X G7)
La batalla es del Señor y su pueblo la victoria tomará.//

© 2000 Derechos reservados. Alabanzas Llamada Final
Insp. Voll. ¡ *Hay Victoria* !

Inspiración Himnario Vol 3

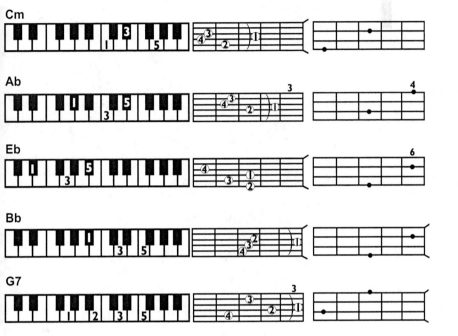

Himnario Inspiración III
CONQUISTAMOS LAS NACIONES PARA CRISTO

Victor Garduño

        Cm   Gm7   Cm
// Conquistemos las naciones para Cristo
    Fm7   Gsus4
Lo que pise nuestra planta El nos dará.//
    Ab   Bb
Llevaremos su palabra y alabanza
    Gm   Cm
derribando fortalezas de maldad
Ab   G   Ab   G   Cm
Nada nos detendrá, nada nos vencerá, vamos a conquistar

      Ab   Bb   Cm
// Nos ha dado su poder y autoridad
      Ab   Bb   Cm
nos ha ungido con su gloria y majestad.
      Ab   Bb   Cm
Nos ha dado su poder y autoridad,
    Ab   G
somos el ejercito de Dios.//

© 2000 Derechos reservados. Alabanzas Llamada Final
Insp. Voll. ¡ *Hay Victoria* !

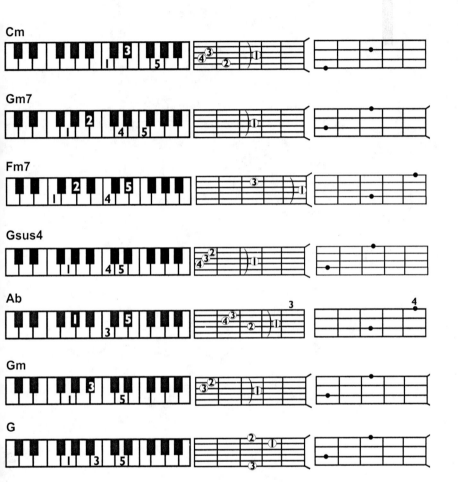

TE ALABARE SEÑOR

Victor Garduño

```
         Em              Cma7
// Te alabaré Señor con todo mi corazón
         Am7            B     Em
   Todas tus maravillas yo contaré.//

   Em          C          Am7                 B
// Eres escudo del oprimido, refugio en tiempo de angustia
   Em          C          Am7              B7
   En Ti esta toda mi confianza, Tu no me abandonarás.//

            Em            C
   /// En Ti me gozaré, en Ti me alegraré
        Am7          B
   cantaré alabanzas a Tu nombre ho Dios.///
```

© 2000 Derechos reservados. Alabanzas Llamada Final
Insp. Voll. ¡ *Hay Victoria* !

Inspiración Himnario Vol 3

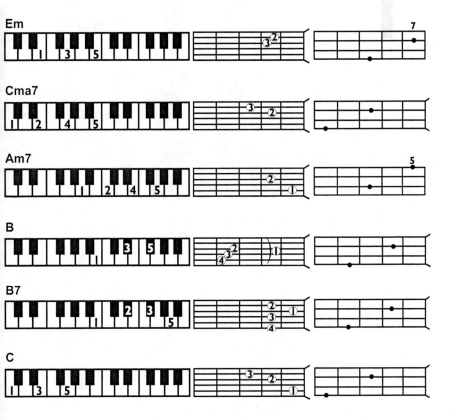

ESPIRITU ERES REAL

Daniel Rubalcaba

    G   Em   D   C   Am   D
Espíritu   eres real, Espíritu   eres real
     G   F   C/E   Cm/Eb
Tu llenas mi vida, Tu llenas todo mi ser.
     G/D D   G
    Espíritu   eres real.

© 2000 Derechos reservados. Alabanzas Llamada Final
Insp. Voll. ¡ *Hay Victoria* !

Inspiración Himnario Vol 3

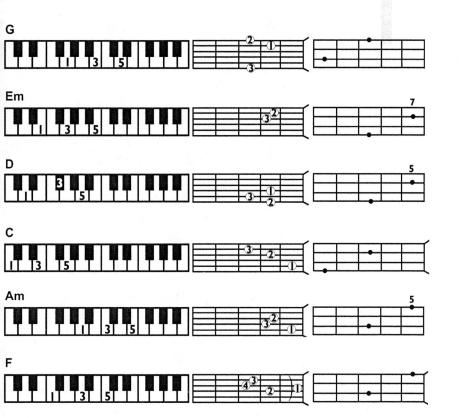

MANDA EL FUEGO

Ivan Delgado

    F#m   D
Necesito Señor que tu Espíritu Santo
   F#m   E/G#   A
Llene todo mi ser de tu gloria y tu poder
   Bm7   A/C#   D   A/C#
Que arda en mi corazón una profunda pasión
  Bm7   D   Esus4
    por ver Tu gloria Señor.

        F#m D   A   E/G#
//// Manda el fuego   de Tu Espíritu Santo
         F#m D   Esus4
  Manda el fuego   sobre mi.////

© 2000 Derechos reservados. Alabanzas Llamada Final
Insp. Voll. ¡ *Hay Victoria* !

Inspiración Himnario Vol 3

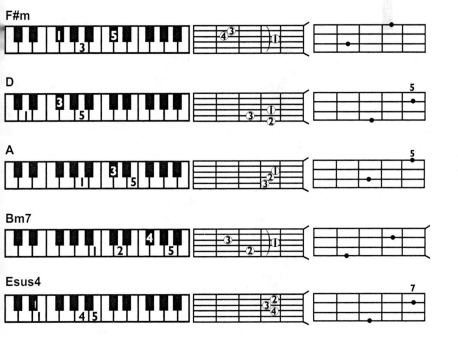

Himnario Inspiración III

CANTICO NUEVO

Johana Pérez

```
         Am   G/A              Am        G/A
// Nos se tardaran    ninguna de mis palabras
       Am         F          Esus4
    Todo lo que hable    eso cumpliré.//

   Dm7           Am      Dm7          Am
Quitaré toda visión vana, y adivinación de mi casa
   Dm7           Am      Dm7      F      Esus4
Quitaré toda visión vana, y adivinación   de mi casa

                      F          G
       //// Se han acercado aquellos días
      Am          G/B     Dm7  Em7  Am
   y el cumplimiento de toda visió --- o --- on.////
```

© 2000 Derechos reservados. Alabanzas Llamada Final
Insp. Voll. ¡ *Hay Victoria* !

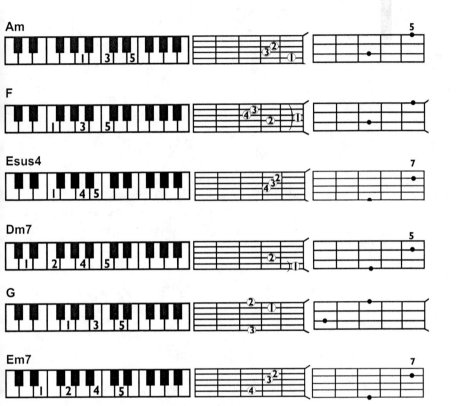

DERRAMA TU LLUVIA

Tony Nuñez

        E   C#m7
Se oye en los pueblos y sobre naciones
       A   F#m7   B
de una tormenta grande de bendición
          E   C#m7
Es la lluvia tardía, es la lluvia de gozo,
     A   F#m7   Bsus4 B
preparada para el pueblo del Señor.

      E   B/D#   C#m7   E/B
// Derrama tu lluvia,   derrama Tu lluvia
        A   F#m   Bsus4 B
Derrama Tu lluvia oh Señor sobre mi.//

© 2000 Derechos reservados. Alabanzas Llamada Final
Insp. Voll. ¡ *Hay Victoria !*

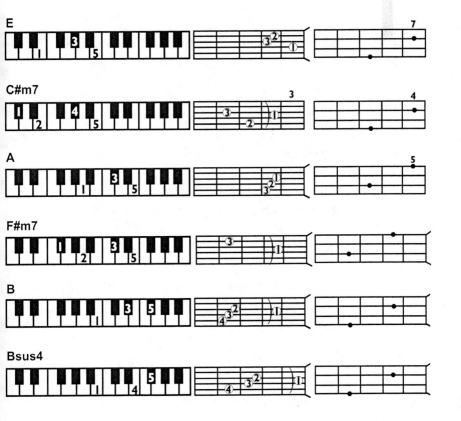

HAY VICTORIA

Tony Pérez

```
         Am              F
//// Hay victoria, hay victoria,
    Dm7       Em7            Am
hay victoria en el Nombre del Señor.////
```

```
 Cm                Bb/C
Jesús ha vencido al poder del enemigo
      Fm7              Gsus4
 su victoria en la cruz El tomo por mi
 Cm                Bb/C
Toda potestad fue dada en el cielo y en la tierra
      Fm7            Gsus4
 Exaltado ha sido el Señor Jesús
        Fm7                  Cm
 Pues Cristo ha vencido con poder
        Fm7            Cm
 su victoria en la cruz mía es
  Dm7              Em7
por siempre es exaltado, por siempre es alabado
       F          Dm7        Esus4
 Su Nombre sobre todo nombre es...
```

© 2000 Derechos reservados. Alabanzas Llamada Final
Insp. Voll. ¡ *Hay Victoria* !

Inspiración Himnario Vol 3

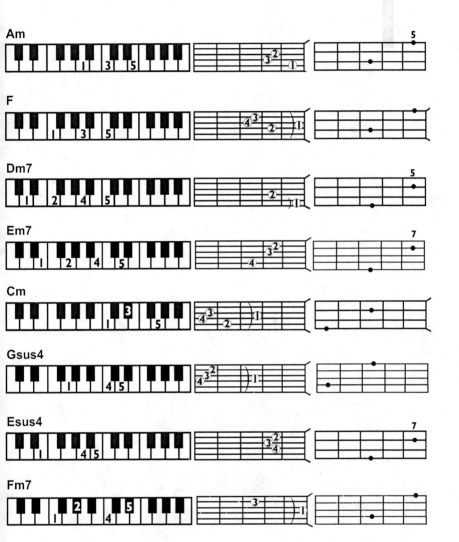

Buscando tu Rostro Señor
Tony Pérez

Proyecto Solista

- TU GRANDEZA SEÑOR
- BUSCANDO TU ROSTRO SEÑOR
- TU
- DESDE AQUEL DIA QUE TE CONOCI
- CON TODO MI CORAZON
- HAZME BRILLAR SEÑOR
- UN REGALO
- TU SANTO NOMBRE QUIERO ADORAR
- TE ALABARE
- TU ERES MI REFUGIO

© 1999 Alabanza Llamada Final

TU GRANDEZA SEÑOR

Nelson D. Garcia

```
         G             D
// Tu grandeza Señor, no tiene medida
     Em      C                 Dsus4   D
y Tu amor Señor,    nadie le encuentra fin.//

            Em                C
// No alcanzo a comprender
              G        Em     D
Tu misericordia y Tu grande amor
        Em            C          Dsus4   D
No alcanzo a comprender    que Tu eres fiel.//

     F            C         G      Am7
Tu nos das Tu amor, sin medida
                Fma7    Dsus4   D
  y por eso Señor, Tu eres fiel.
```

© 1999 Derechos reservados. Alabanzas Llamada Final
Buscando Tu Rostro, Tony Pérez

Inspiración Himnario Vol 3

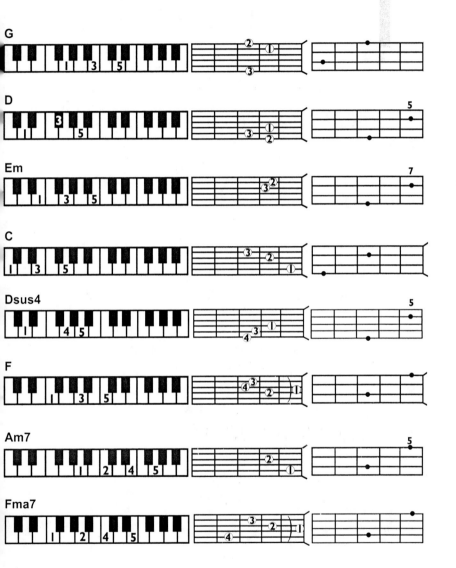

BUSCANDO TU ROSTRO SEÑOR

Nelson D. Garcia

```
          G2                    G/C    C
Buscando Tu rostro Señor, buscando tu ro - stro.
                   D         G
Buscando tu gloria Señor y Tu esplendor.
          G2                    G/C    C
Buscando Tu rostro Señor, buscando tu ro - stro.
                   D         G
Buscando Tu gloria Señor y a mi redentor.

         G                      C2
Perdido en la obscuridad buscando Tu luz,
         G                      C2
Tu mano extendiste a mi para guiarme.
          Am7           Fma7
Tu palabra declara oh Dios
          Am7           Fma7
Que nadie verá al señor
        Am      G/B    C        Dsus4   D
Sino es por medio de Ti, mi Salvador.
```

© 1999 Derechos reservados. Alabanzas Llamada Final
Buscando Tu Rostro, Tony Pérez

Inspiración Himnario Vol 3

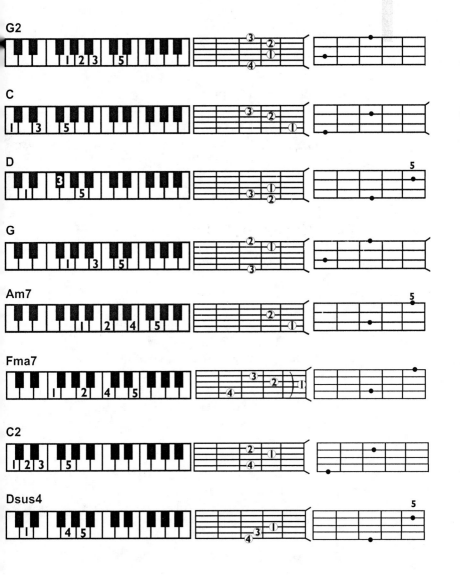

TU

Martin Azurdia

```
    A        E/A   D/A     E/A      D    Bm7
Tu eres el principio y final, el creador omnipotente
              Esus4
     lleno de gloria Señor.
    A        E/A     D/A        E/A       D    Bm7
Tu creaste el sol y las estrellas, la expansión y el universo
              Esus4
     eres poderoso Señor.
    A        E/A       D/A          E/A
Tu eres la estrella, resplandeciente, luz que jamás
            D   Bm7      Esus4
    se extinguirá,    eres eterno Jesús
       Dma7           E/D       A     E/G#  F#m7
// Porque no hay nadie como Tu, imposible de comparar
           Bm7           A/C#
    Aunque alto y grande, sublime y eterno,
              D      Esus4    E
     Jesús su vida dio por mi.//
    A        E/A          D/A
Tu entre la guerra eres temible,
       E/A       D    Bm7        Esus4
La fortaleza inquebrantable,    eres poderoso Jesús
    A        E/A       D/A            E/A
Tu León de Juda, el invensible Santo Cordero
            D    Bm7       Esus4
    Manso y humilde    eres un misterio Señor
    A        E/A         D/A        E/A
Tu eres mi Dios y mi Señor, mi capitán
            D    Bm7        Esus4
 y mi maestro,    eres admirable Jesús.
```

© 1999 Derechos reservados. Alabanzas Llamada Final
Buscando Tu Rostro, Tony Pérez

Inspiración Himnario Vol 3

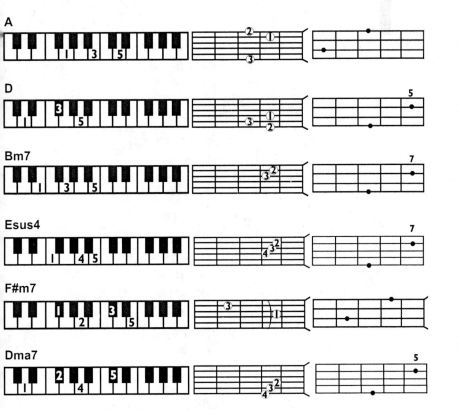

DESDE AQEUL DIA QUE TE CONOCI

Martin Azurdia

    E   G#m7
Desde aquél dia en que te conocí
C#m7   G#m7
He decidido buscar más de Ti.
   A2   E/G#
Quiero saber, quiero conocer
  F#m7   Bsus4   B
de Tú gran amor, de Tú gran valor
    E   G#m7
de tus maravillas y sabiduría
C#m7   G#m7
y Tú gran poder que llena todo mi ser
   A2   E/G#
No hay comparación con Tú compasión
  F#m7   Bsus4   B
Inconmovible, eres invencible
    E   G#m7
Tú eres compañero en buenas y malas
   C#m7   G#m7
Yo encuentro refugio bajo tus alas
   A2   E/G#
Ya nada deseo si Tú estás conmigo
  F#m7   E/G#   A   Bsus4
De toda mi vida Señor eres el motivo.
    E   A   B C#m7   F#m7
// Jesús,   Jesús   no hay otro nombre
                          Bsus4
tan bello como el de Jesús.//

© 1999 Derechos reservados. Alabanzas Llamada Final
Buscando Tu Rostro, Tony Pérez

Inspiración Himnario Vol 3

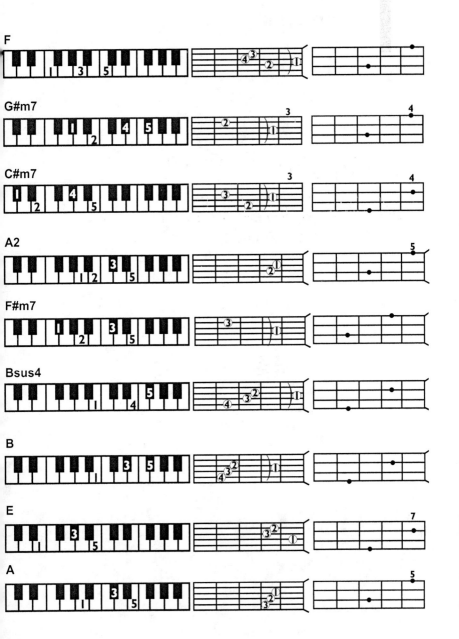

CON TODO MI CORAZON

Ivan Delgado

    A2
Con todo mi corazón
        D2
yo quiero adorarte Señor
A2   D2
Darte la gloria, toda la alabanza señor
   C#m7   F#m7
Y decir que Tu eres mi Dios
  Bm7   A/C#   Esus4 E
Y rendirme postrado a tus pies.

  F#m7   C#m7
entregarte mi vida y mi corazón
  F#m7   C#m7
Todo lo que hay en mi te daré
Bm7   A/C#
quiero adorarte, anhelo exaltarte
    D   Bm7   Esus4
quiero bendecir Tu Nombre.

© 1999 Derechos reservados. Alabanzas Llamada Final
Buscando Tu Rostro, Tony Pérez

Inspiración Himnario Vol 3

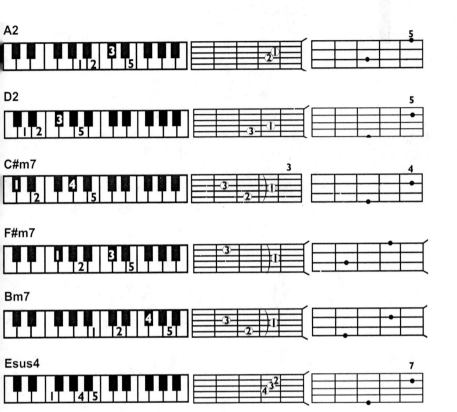

HAZME BRILLAR SEÑOR

Tony Pérez

     A2   Bm7
Hazme brillar Señor como las estrellas.
     Esus4   E   A2
Hazme brillar Señor   junto a Tu luz.
     A2   Bm7
Hazme brillar Señor cada día un poco más
     Esus4   E   A2   G/A   A
y reflejar en mi   Tu santidad.

Dma7   E/D   A E/G#   F#m7   A/E
// Hazme brillar Señor   junto a Tu luz.
D   Esus4   E   A2
Hazme brillar Señor   un poco más.//

© 1999 Derechos reservados. Alabanzas Llamada Final
Buscando Tu Rostro, Tony Pérez

Inspiración Himnario Vol 3

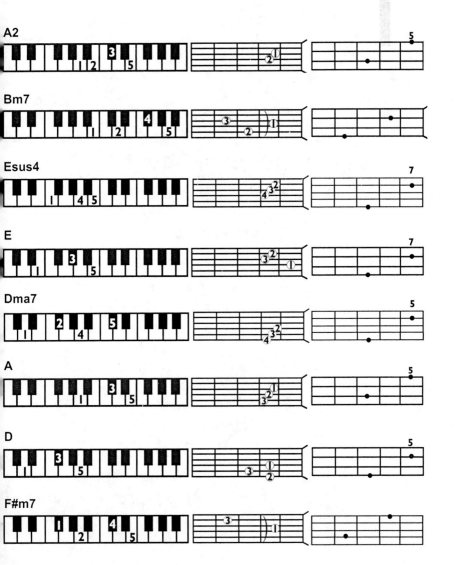

Himnario Inspiración III

UN REGALO

Nelson D. Garcia

      C2   Bm7   C2   Bm7 Em7
Tu me diste un regalo, a mi vida diste amor
    C2   Bm7   C2   Bm7 B7/D#
Tu entregaste en mis manos una perla, perla de amor
     Em   Eb+   G/D   A7/C#
Como puedo agradecer lo que diste a mi,
            Am7   Am7/D   D
Tu amor, dulce amor.

       G   D/F#   Em7 G/D
Y canto Santo, Santo Santo es el Señor
    C2   Am7   Fma7 Am7/D D
declarando la grandeza de Tu amo - o - or.
       G   D/F#
y canto Santo, Santo, Santo es
    G   D/F#
Santo, Santo Santo es
  Am7 Am7/D D7   G
Santo, Santo, Santo es el Señor

siguiente pagina >>>>>>>>>>>

© 1999 Derechos reservados. Alabanzas Llamada Final
Buscando Tu Rostro, Tony Pérez

Inspiración Himnario Vol 3

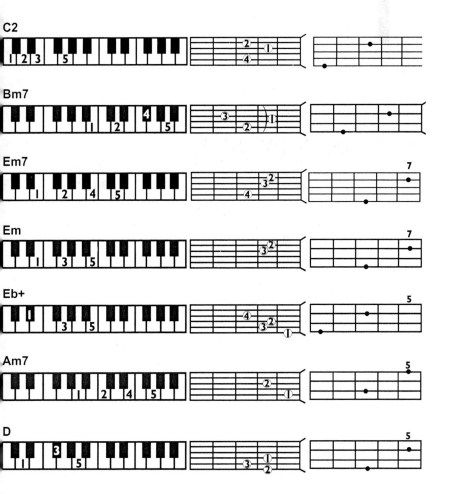

siguiente pagina >>>>>>>>>>>

        Ebma7 F/Eb   Dm7   Gm7
        Tu amor diste a mi,
   Ebma7 F/Eb   **Dm7**   **Gm7**
con Tu sangre   has demostrado Tu amor
    Abma7 Bb/Ab   **Gm7**   **Cm7**
En la cruz   Tu demostraste que me amas
     Fm7 Ab   **Dsus4**
    con amor,   que no tiene fin.

© 1999 Derechos reservados. Alabanzas Llamada Final
Buscando Tu Rostro, Tony Pérez

Inspiración Himnario Vol 3

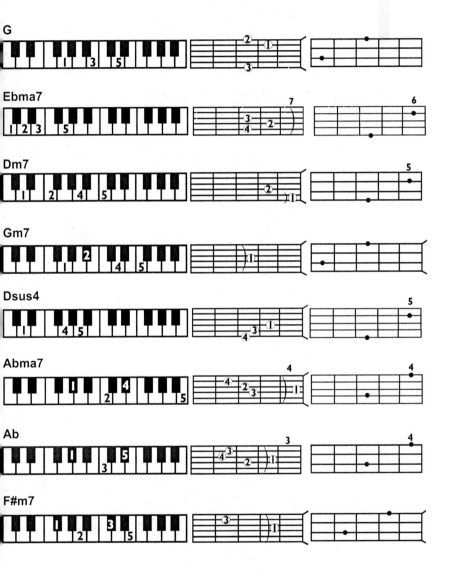

TU SANTO NOMBRE QUIERO ADORAR

Nelson D. Garcia

       Em
// Tu Santo Nombre quiero adorar
     Cma7
Tu Santo Nombre quiero exaltar
  Am7   **Bm7**   **Em**
Tu Santo Nombre anhelo honrar Señor Jesús.//

  C2   **G2**   **C2**   **G2**
Solo déjame cantar la melodía de mi corazón
    Am7   **C2**   **Dsus4**
Solo déjame entregarte mi corazón.

© 1999 Derechos reservados. Alabanzas Llamada Final
Buscando Tu Rostro, Tony Pérez

Inspiración Himnario Vol 3

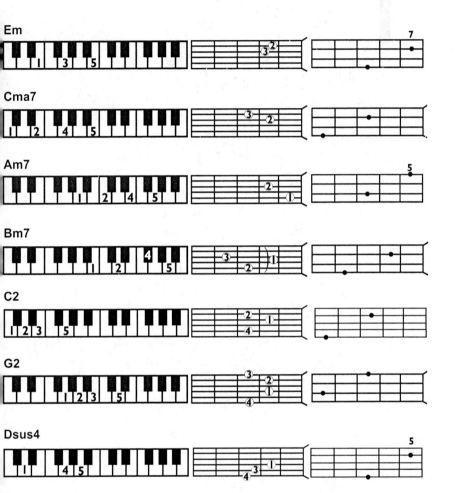

TE ALABARE

Ivan Delgado

```
       E                    B
Por siempre oh Dios has sido fiel
      C#m7          A
y de tu verdad yo cantaré
       E            B
Tu has sido mi ayudador
       C#m7         A
en momentos de tribulación
    C#m7    E/B     A         Bsus4   B
te ala  -  baré, Cristo te exaltaré
  C#m7    E/B    A2              Bsus4      B
Te ala - baré por siempre oh Dios, por siempre Señor
       E   A    E   A    E   A   Bsus4   B
Te alabaré, te alabaré, te alabaré Señor
     C#m7  A   C#m7  A   C#m7  B    E
Te alabaré, te alabaré, te alabaré Señor.
```

© 1999 Derechos reservados. Alabanzas Llamada Final
Buscando Tu Rostro, Tony Pérez

Inspiración Himnario Vol 3

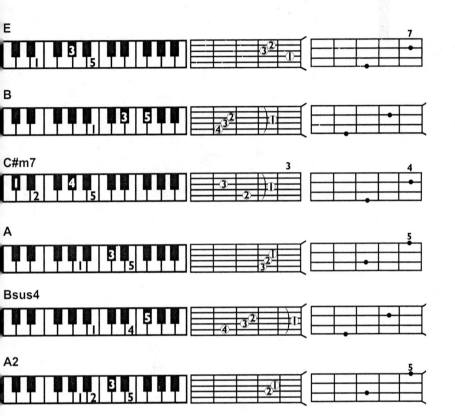

TU ERES MI REFUGIO

Nelson D. Garcia

      Bb
Tu eres mi refugio, mi torre fuerte
              F
Mi pronto auxilio, mi protector
   Bb   **Gm**
porderoso, gran guerrero
    Eb   **F**
en ti estoy Señor

   Gm   **Dm**
Yo te alabo yo te canto a ti
    Eb **Cm**   **F**
yo te exalto,   a ti Señor
  Gm   **Dm**
Poderoso gran gigante eres Tu
   Eb **Cm**   **F**
En Ti   estoy Señor

© 1999 Derechos reservados. Alabanzas Llamada Final
Buscando Tu Rostro, Tony Pérez

Inspiración Himnario Vol 3

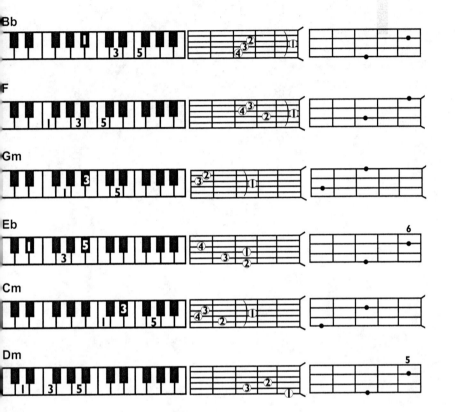

EN LO SECRETO
En Vivo

MINISTERIOS LLAMADA FINAL, SANTA BARBARA

UNCIÓN DIVINA VOLUMEN I

En lo secreto
Unción Divina Volumen 1

Ministerios Llamada Final Santa Barbara

- TU ADMIRADOR
- ERES LO MAXIMO
- LLENAME
- SANTO ERES TU SEÑOR
- NO A NOSOTROS O JEHOVA
- CRISTO LINAJE DE DAVID
- GRANDE ES JEHOVA
- JEHOVA ES MI FUERZA
- TU NOMBRE ALABARE
- EN LO SECRETO

© 1999 Alabanza Llamada Final

TU ADMIRADOR

Isaias Anselmo

    A2   E
// Yo quiero ser   Tu admirador
  F#m   E
Por todo lo que has hecho en mi vida//

    F#m7
//Tu entraste en mi corazón
   C#m7
Y me hiciste una nueva persona
  F#m7   E
Como no he de admirarte Señor Jesús.//

   A2   C#/F F#m7
Te admiro Señor, te admiro Señor
  Bm7
Tu belleza es incomparable
    Bm7   A/C D Esus4
Tu hermosura   sin   igual//

© 1999 Derechos reservados. Alabanzas Llamada Final
En Lo Secreto, *Uncion Divina Vol 1*

Inspiración Himnario Vol 3

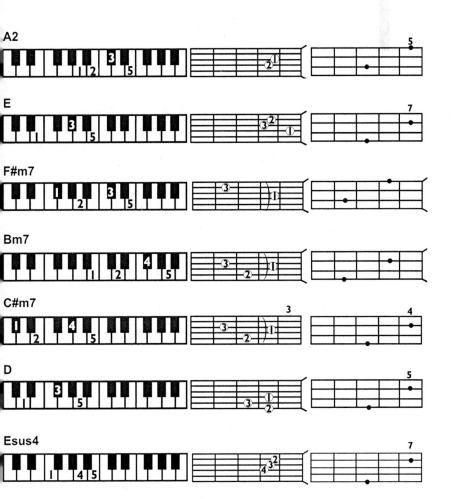

ERES LO MAXIMO

Isaias Anselmo

```
           C2                 G
// Cuando veo Tú gloria en mí
       F                    Am   G
me doy cuenta que no puedo vivir sin ella.//
           C2                G
Cuando siento Tú presencia en mi
        F                   G
Quiero estar siempre a Tú lado y morar allí
     C2        G            Am   G
//Eres lo máximo, eres lo máximo para mí//
```

© 1999 Derechos reservados. Alabanzas Llamada Final
En Lo Secreto, *Uncion Divina Vol 1*

Inspiración Himnario Vol 3

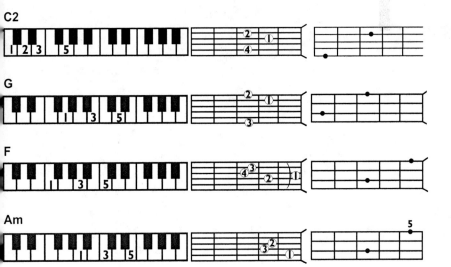

LLENAME
Nelson Cabrera

    D   A/C#   C   G
//Estoy aquí para adorar y exaltar Tú nombre

    D   F#m7   C
// Me olvidaré de mi te sentiré a Ti no mires lo que soy
        G   A
   mas lléname de Ti//

 E   G#   A   B
Lléname, lléname, lléname que solo en Tú presencia
        G#m7
   yo puedo ser felíz
  F#m7   G#m7
Quisiera yo por siempre morar allí
   F#m7
Sintiendo Tú presencia
   G#m7
me olvido quien soy Señor
 F#m7   G#m7
y nunca más quisiera volver de allí
   A   B   E
Hazme Tu Señor adorador.

© 1999 Derechos reservados. Alabanzas Llamada Final
En Lo Secreto, *Uncion Divina Vol 1*

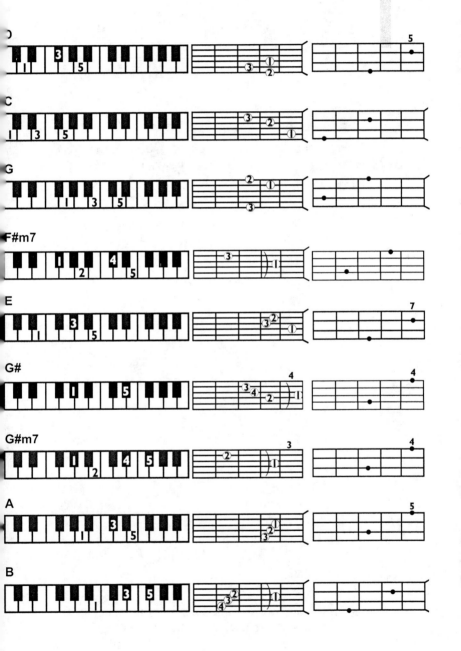

SANTO ERES TU SEÑOR

Isaias Ancelmo

```
     E    B/D#     C#m7      F#m7          B
// Eres el eterno Dios digno      de adoración
     E    B/D#     C#m7   A  F#m7      Bsus4     B
  Eres el más precioso y yo         te adoraré.//

          C#m7      B          A      B
      //Santo eres Tu mi Buen Señor
          C#m7      B          A
       digno de suprema adoración//
```

© 1999 Derechos reservados. Alabanzas Llamada Final
En Lo Secreto, *Uncion Divina Vol 1*

Inspiración Himnario Vol 3

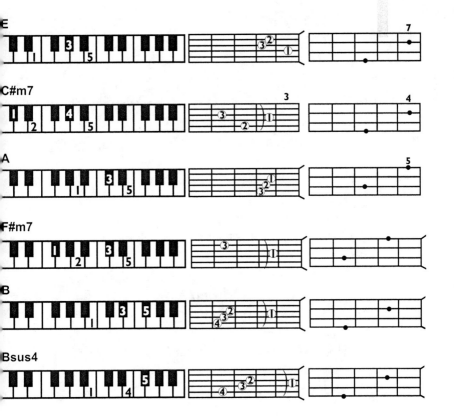

NO A NOSOTROS

Silvia Lopez

```
         Em                        C
// No a nosotros oh Jehová, no a nosotros oh Jehová
              D            Bm7
   Si no que a Tu Nombre de la gloria
            Em
   por Tus misericordias y Tu verdad//

           Em
/// Porque quien hizo los ríos (solo Jehová)
            C
   Porque quien hizo los mares (solo Jehová)
          D          Bm7             Em
   Porque quien tuvo misericordia (solo Jehová)
           Em
   Porque quien es poderoso (solo Jehová)
            C
   Porque quien es majestuoso (solo Jehová)
          D        Bm7      Em
   Porque solo a Ti damos la gloria.///
```

© 1999 Derechos reservados. Alabanzas Llamada Final
En Lo Secreto, *Uncion Divina Vol 1*

Inspiración Himnario Vol 3

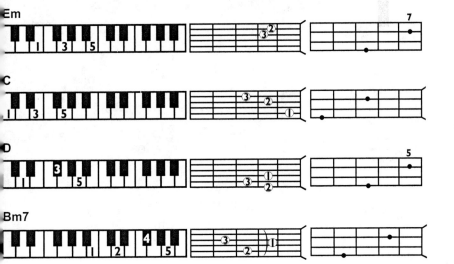

CRISTO LINAJE DE DAVID

Nelson Cabrera

    Em   D   Em
// Cristo linaje de David
    C   Bm7   Em
resucitado de los muertos

    G   D   Am7
MI Redentor, mí Salvador
            Em
la fuerza de mi ser
   G   D   Am7
yo venceré porque El venció
          Bsus4
de quien he de temer.

© 1999 Derechos reservados. Alabanzas Llamada Final
En Lo Secreto, *Uncion Divina Vol 1*

Inspiración Himnario Vol 3

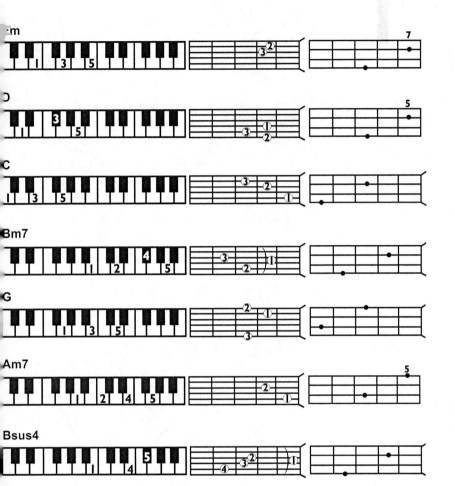

GRANDE ES JEHOVA

Jorge Ortiz

```
    Em              D
// Oh mi Dios te quiero alabar
        C          Bsus4
y exaltar con el corazón

     C        D       C       Em
// Y con mi voz declararé que solo Tu eres Rey.
     C        D       C       Bsus4
Y con mi voz declararé que solo Tu eres Rey.//

      Em              D
// Grande es Jehová, grande es Jehová
          Bsus4
El es digno de adoración.
```

© 1999 Derechos reservados. Alabanzas Llamada Final
En Lo Secreto, *Uncion Divina Vol 1*

Inspiración Himnario Vol 3

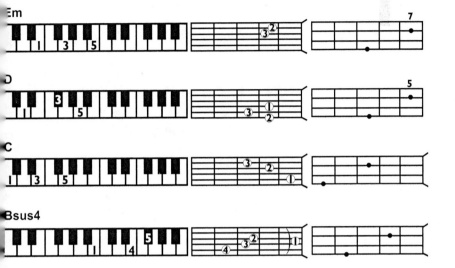

JEHOVA ES MI FUERZA

Silvia Lopez

Em
// Jehová El es mi fuerza
  C
en la batalla pelearé
  Am
contra el enemigo
  B **Em**
y la victoria El me dará

G **D** **Em** **C**
Yo soy un soldado del ejercito del Señor
  D **Em**
pues El me armó con su poder
G **D** **Em** **C**
por cuanto hoy en su presencia yo danzaré
  D **Bsus4**
y con júbilo gritaré

Em
// Ahora danzo, ahora danzo
  C **D** **Em**
Pues la victoria tengo ya
Em
Ahora grito, ahora grito
  C **D** **Em**
Pues victorioso es Jehová//

© 1999 Derechos reservados. Alabanzas Llamada Final
En Lo Secreto, *Uncion Divina Vol 1*

Inspiración Himnario Vol 3

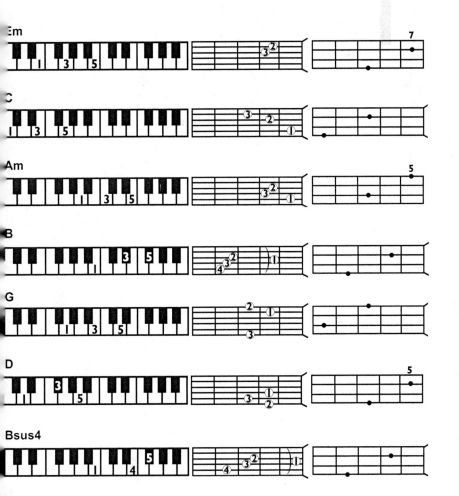

TU NOMBRE ALABARE

Isaias Ancelmo

     G
// Tu Nombre alabaré
   Em
Tu Nombre adoraré
    C   **Am**
con el pandero danzaré
      D
delante de Ti//

// Lalara la la ra la la //

© 1999 Derechos reservados. Alabanzas Llamada Final
En Lo Secreto, *Uncion Divina Vol 1*

Inspiración Himnario Vol 3

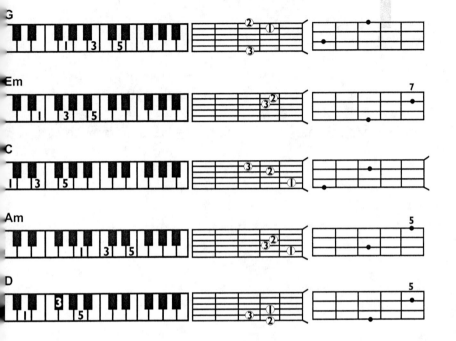

EN LO SECRETO

Isaias ancelmo

```
     G            D    Em7              C2            Dsus4      D
// En lo secreto         Tu me haces ver tu misericordia
     G            D    Em7              C                Dsus4      D
   En lo secreto         Tu me haces ver tu hermosura//

        C2              D/C            Bm7           Em7   Am7
   // Quiero conocerte oh Dios        y cada día
                         D              G
     poder contemplar Tu hermosura //
```

© 1999 Derechos reservados. Alabanzas Llamada Final
En Lo Secreto, *Uncion Divina Vol 1*

Inspiración Himnario Vol 3

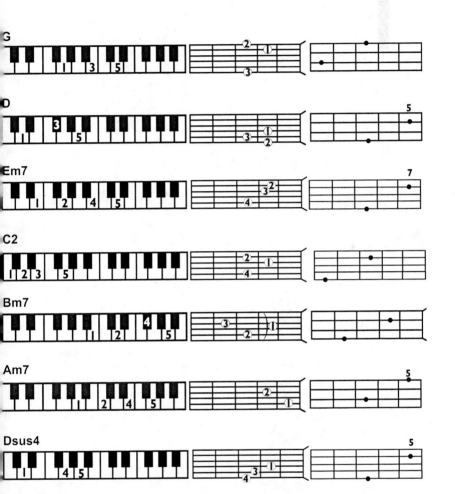

•••• ESTUDIOS ••••

"El plan de la Redención Estudio del Libro de Rut"

El libro de Rut es uno de los temas más interesantes a considerar en cuanto al plan de la redención. El Pastor Otto R. Azurdia lo presenta a la luz de las escrituras en estos CD´s.

"Secretos Matrimoniales"

El Pastor Otto R. Azurdia expone en CD's verdades bíblicas que nos llevarán una vida victoriosa sobre el adulterio, celos, la incomprensión y todo aquello que se levanta contra el matrimonio.

"El Mensaje a las 7 Iglesias Apocalípticas"

El Pastor Otto R. Azurdia expone en CD's este material de enseñanza que contiene tremendas verdades espirituales para la iglesia en estos últimos tiempos.

"Capacitados Para Toda Buena Obra

Capacitación. Serie de Estudios en CD´s, con el fin de capacitar a aquellos hermanos que anhelan con todo el corazón prepararse para el llamado de Dios en sus vidas.

•••••••••••••••••• LIBROS ••••••••••••••••••••

El Buen Pastor

Avanzando Hacia la Madurez

Comentarios del libros de *Santiago*

Antología Bíblica Tomo 1 y 2

La vida de Abraham
Escuela Dominical

La vida de José
Escuela Dominical

•••• Musica ••••

 Quiero Adorar

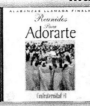 Reunidos para Adorarte

 El Rompió mis Cadenas

 Vivir Amando

 2•1

 Paz

 Cantando con Zion

 Adoremos con Inspiración

 Días de Adoración

 Con Amor

 Lo Mejor del Trigo

 Nuestro Legado Honduras

•••• Manuales E Himnarios ••••

 GUITARRA

 PIANO

 BAJO

Vol. I

Vol. II

Vol. III

Vol. IV

Inspiración Vol. I
Espiritu Santo Gracias

Inspiración Vol. II
Maravilloso Dios

Inspiración Vol. III
Envisteme de Poder

Inspiración Vol. IV
Conquistando a las Naciones

Inspiración Vol. V
Libres Bajo la Unción

Inspiración Vol. VI
Declaramos Tu Santidad

Inspiración Vol. VI
¡ Hay Victoria !

Inspiración Vol. VIII
El es Grande

Inspiración Vol. IX
El Tiempo es Hoy

Cantos de Inspiración
Congregacional Vol. 1

Cantos de Inspiración
Congregacional Vol. 2

Cantos de Inspiración
Edición Especial

•••• ESTUDIOS EN CD ••••

• Hijos de Obediencia

• Como se debe Vivir

• Ministerio del Cristo Resucitado

• Los 5 Virus que atacan al Cristiano

• Engendramiento Nacimiento y Perfeccionamiento del Amor

• Consejos Matrimoniales

• El trabajo del Espiritu Santo

• Salvacion Integral

•••• PREDICACIONES ••••

"Predicaciones en Audio, Video, Cassettes, Cd's y DVD's"
Palabras de Dios en estas predicaciones y estudios en audio impartidos por nuestro pastor Otto R. Azurdia, estos incluyen alabanza, adoración y el mensaje de la palabra de Dios, que serán de mucha bendición para ti y tu Familia. Grabados en vivo.

NOTAS

NOTAS

NOTAS

NOTAS

NOTAS